Giustiniano Barbarigo

**Kurtzer aus dem Italianischen translatirter Discurs Justiniani
Barbari,**

venedischen Raths-Herrn von dem Krieg, so dieselbe Herrschafft mit den

Hauss Osterreich geführet hat

Giustiniano Barbarigo

Kurtzer aus dem Italianischen translatirter Discurs Justiniani Barbari, *venedischen Raths-Herrn von dem Krieg, so dieselbe Herrschafft mit den Hauss Osterreich geführet hat*

ISBN/EAN: 9783743637191

Hergestellt in Europa, USA, Kanada, Australien, Japan

Cover: Foto ©ninafisch / pixelio.de

Weitere Bücher finden Sie auf **www.hansebooks.com**

Kurtzer
Aus dem Italianischen
translatirter
Discurs
JUSTINIANI
BARBARI, Venedischen
Raths-Herrn von dem Krieg/
so dieselbe Herrschafft mit den
Hauß Osterreich gefüh-
ret hat.

---

im Jahr 1668.

Je Geschicht des Rö-
mischen Raths-Herrn
Appii, welcher blind ge-
wesen/ Hochfürtrefflich-
ste liebe Väter und Mit-
Herren / lobe ich zum
höchsten. Denn als derselb von dem
hochwichtigen schweren Geschäfft / so im
Raht Tractiret werden solt/ gehöret / hat
er sich auch dahin verfügen wollen / damit er seinem in Gefahr schwebendem
Vaterland räthlich erscheinen könte. E-
ben demselben/ denn ich hiemit lobe / wolt
ich auch nachzufolgen nicht unterlassen/
dafern mein unvermüglichs Alter und
schwache Stimme mich nicht davon ab-
hielte. Sintemahl ich nicht wenig vor
die Stadt Venedig/ als erstbemelter blin-
der Appius vor die Stadt Rom Sorg
trage/ auch weniger nicht in meiner Stadt
gemeinen Nutz/ als in der Seinigen sich
gebrauchen lassen hab. Itzo seynd es
sech-

sechzig Jahr / als ich in einer ehrlichen Le-
gation in Asiam und Egypten geschiffet.
Wie ich darnach in den Raht erwehlet/
hab ich viel Jahr mich dahin beflissen/daß
in Eröffnung meiner Meinung / der stets
embsige Fleiß / meine Jugend zieren und
herrlich machen mögte. Was ich nun des-
fals erlangt/ davon wil ich andere Judici-
ren lassen. Fürwahr/unlängst hernach/bin
ich der Rathsherrn die Pregadi / und der
Zehner-Herrn einer worden/und hab nicht
ein einziges Jahr in gemeinen Geschäfften
zuruhen Gelegenheit gehabt / noch haben
können. Nach Constantinopel /in Enge-
land/Teutschland/ Franckreich und His-
spanien/hab ich mich vor einen Gesandten/
und in den Niederlande vor einen Kriegsmann gebrauchen/Auch im gantzen Europa keinen berühmten Mann vorbey gehen
lassen/mit deme ich nicht von Händeln des
gemeinen Nutzes Conferirt und mich be-
spracht hätte. Die alten und neuen Histo-
rienschreiber hab ich fleissig durchsehen/
auff daß ich das jenige / so ich aus eigener
Erfahrung nicht haben könt/ durch fleissig
lesen/erlernen und fassen mögte.
Alsdenn neulich etzliche aus dem hochfürtrefflichsten Collegio mich besuchten/

A ij   und

und im Nahmen des Grossen Raths mein
Gutdüncken / der Kriegshalber/ so wir iho
führen/fleissig erforschten / und zuwissen
begehrten/ hab ich dieselb meinem Secre-
tario zu dem End kürklich in die Feder
Dictiren wollen / daß ich sie der Durch-
läuchtigen Herrschafft meines geliebten
Vaterlands / als ein Gezeugniß meiner
Meinung hinterlassen müge.

Anfänglich seke und halt ichs dafür/daß
unserer Herrschafft endliche Meinung
eben die jenige sey/deren Vorzeiten die
Römer gewesen/ nemblich der Be-
zwungenen verschonen/ die Wie-
dersekige bezwingen/und des ganken
Welschlands (ja auch wenns nach unserm Willen gienge) der ganken Welt
Herrschafft zu erlangen.

Vors Ander/ Wie nun zu Verfol-
gung dieses herrlichen Entschlusses wir
viel und grosse Hülff und Besakungen
überflüssig verhanden haben/Also werden
uns auch entweder von den unsern selbst/
oder andern/ grosse Beschwerungen und
Verhinderungen vorgeworffen/ welche
man entweder mit Gewal oder Listen überwinden und aus dem Wege raumen muß/
denn weder den Römern noch andern/ so
ihre

ihre Herrschafft erweitern/und ihre Nachbarn unter sich bringen gewolt/diese Groß-
mütigkeit weinig gekostet hat. Der Römischen Bürger seind unzehliche Milionen
druff gangen / und durch ihre Starmü-
tigkeit haben sie ihre Nachkommen viel
Krieg erregt/ biß endlich als sie zum höchsten Gewalt gestiegen/und alle Gefährlig-
keiten hinder sich gelegt zu habē vermeint/
gantz unverhoffentlich wieder hernieder
gefallen/und in innerliche Dienstbarkeit
gerahten seynd / Der König in Macedo-
nien/dessen Vaterland uns allernegst ligt/
hat vielmehr Wunden/ als Glieder an seinem Leibe gezehlet/Wie thun ihm die Ot-
tomaner oder Türken/ helffen sie nicht nur
einem/durch seiner Brüder oder negsten
Blutsverwandten Todt zum sichern Regiment? Derowegen kostets gar viel/über
die Menschen zu herrschen/dessen Uhrsach
keine andere ist/das ihrer viel regieren/
wenig aber gehorsamen wollen/
und das der jennig/ so sich über andere zu
herrschen unterstehet/daßelb mit der Leut
Schaden und Nachteil ruht/dahero jeder-
man Argwohnig und Hässig gemacht/
auch genötigt wird / herwieder viele zu
fürchten/dene viel fürchten sollen/Welchs

A iij   ich

ich deſſentwegen erinnere / daß wir nicht im Schatten oder ledigen Schifflein die Herꝛſchafft der Welt zuerlangen vermeinen.

3. Müſſen derowegen auch vors dritt unſere Macht und Rüſtung zu Waſſer und Lande / mit der Wiedrigen und der Feinde Macht Conferiren und zuſammen halten/nicht allein die/ ſo jegenwärtig ſich ſehen laſſen/ ſondern auch ſeine Geſchickligkeit/Art und Weiſe zubringen/und weñ wir ihne damit übertreffen / wollen wir leichtlich den Krieg welchen wir in Steyermarck angefangen/deñ ſo wir in Saphoien erweckt/und denn ſo wir in unſerm eignen uns vertrauten Meer erleiden/tapffer vollenführen/und unſere Herꝛſchafft mit Zuziehung neuer Aſſiſtentz und Hülff erweitern und vermehren/ wenn wir aber nicht ſo ſtarck als ſie ſeyn/ oder die Noth erfodern wird/mit höchſter Gefahr unſers gemeinen Nutzens zu ſtreiten / So laſt uns Frieden machen/verhoffentlich wir denſelben/weil der Krieg noch im Zweiffel ſtehet/ erhalten werden/denn weil wir uns fürchten/und andere ſich vor uns fürchten müſſen/können wir leidliche Bündniſſen zuerfinden bedacht ſeyn.

4. Zum

4. Zum vierdten/ist bey dieser Kriegsbereitschafft ernstlich / und zuförderst dieses wol zu bedencken / daß der Würffel
des Kriegs gantz ungewiß/denn sichs offtmals begibt/das einer dem nichs zur Uber-
windung mangelt / vor einem schwachen
geringen Feinde verhindert/oder hernieder
gelegt wird / und eine Verrätherey/ eine
Stimme/und eine Kriegsbehendigkeit offt
alles unter sich tritt/Aber doch wollen wir
unsere Zusätze oder Besatzungen so wir
haben/ auch besehen/welches uns nun ein
Hertz und Muht machen können / seind
Städte/Reichthumb/Waffen / Kriegs-
Leut/Helffere und Bundsgenossen. Wen
ich nun unsere Stadt Venedig bedencke/
ist sie von Natur wol befestigt/mit Reich-
thumb/Schönheit und Gewerbschafften
übertrifft sie alle Städte der gantzen Welt/
und lässet sich/als ob vorzeiten natürlichen
Rechten nach/ihr das Regiment der Welt
zugeeignet wäre/ ansehen. Sie hat einen
grossen Raht / darauff die gantze Herrschafft beruhet/darinnen seind über zwey-
tausend fünff hundert Edler Raths-Her-
ren/und des Gelds haben wir einen solchen
Vorraht / daß es schwer und mühsamb
fallen woll/die Milionen zu zehlen/ Wan
ich

ich daſſelb erweg / pfleg ich vor Freuden
zu ſchreien:

O quantum potuit terræ pelagiq;
parari, Hoc quod ſolliciti clauſtris ab-
ſcondimus auro. Die ordentlichen Jähr-
lichen Auffkunfften belauffen ſich nach
leidlichen Anſchlag / auff zwantzig mahl
hundert tauſend Cronen / Wenn wirs aber
genauer und fleiſſiger ſuchten / würd es
ohnſchwer noch ſo hoch gebracht werden /
rechnen wir die Securen darzu / würden
wir viermahl ſo viel bekommen. Der
Extraordinari Uffkunfften / ſo Türcken /
Jüden / und andere Zukomlinge geben /
Item der Straffgelder / und was von
Kauffmanſchafften unſerer Herrſchafft
Jährlich fellig iſt / geſchweig ich dißmahl /
Wolt diß alles noch zu wenig werden /
können wir die Zehenten erfordern / und
Väterlichen Ordnungen nach dieſelben
dupliren / oder dreyfaltigen / Item den Tax
der Wahren ſo hoch ſteigern als man wil /
Andere Mittel / als die Empter verkauffen /
Inmaſſen unſere Voreltern nach dem Ca-
meriſchen Bund gethan / ſtehen uns
auch noch ins Werck zurichten bevor / welche als ſie mit ſiebenjahrigem Kriege be-
drengt wurden / warlich aus dieſer Kauff-
mann-

manschafft funfftzig mahl hundert tausend
Ducaten erhoben haben / so domalig ein
groß Geld geachtet worden.

Indem Genuesischen Krieg haben wir
Geld genommen/ und dreyhundert Bür=
ger zu Edelleuten gemacht/und wenn wir
dessen bedorfften / wollen wir tausend der
allerreichsten außerlesen / sie Nobilitiren/
und unser Privilegien fehig machen / die
werden/glaubt mirs vor gewiß / unsert=
wegen auf ihren kosten ein gantz Jahr den
Krieg führen.

Wir haben einem dreyfachen Berg/
nemblich den alten / neuen und den neue=
sten/ (mit denen so es wissen/red ichs) aus
welchen wir mit viel geringerer Mühe/
Arbeit und Gefahr/als der König von
Hispanien aus den Indien/das Geld gra=
ben/und zubewegen bringen/ denn unsere
Voreltern vorzeiten sich auch des Geldts
und blinden Glücks gebraucht haben.

Diß seind zwar grosse Sachen/aber das
so ich darzu thun werde / gehet ihme weit
bevor/wenn es mit Fleiß und Geschicklig=
keit verhandelt wird/welchs dann ist/ das
alle Städte/Flecken/Schlösser und Dörf=
fer/wenn unser Herrschafft Noth angehet/
eine gewisse Anzahl Kriegsvolcks alten her=

A v   kom=

kommen nach außmachen/ erhalten / und
besolden müssen. Derselb Außschus/ weñ
man ihn voriger alten Weiß und Bäuri-
scher Einfalt nach verlegte / würd eine
grosse Hülff seyn/ und die allergröste/ wenn
etzliche Rencke und Practiken mit unter-
liessen/ denn wenn mans nur dahin spielte/
als ob die reichen wollüstigen Leut auch
mit gemustert und bewehrt werden solten/
Mit was grossem Gelde würden sie sich
abkauffen und befreyen?

Allenthalben haben wir wolversehene
Zeughenser/ Kriegs-Volck kan uns auch
nicht wol mangeln/ In Welschland haben
wir herrliche gewaltige Städte/ als Pa-
duam/ Veron/ Vince.tz/ Preß/ Cremona/
Bergamum / und ander enzehliche mehr
innen/ Friaul ist unser / In Osterreich/
Dalmatien / Sclavonien seind die besten
auch Venedischer Herrschafft unterworf-
fen/ Corfu/ Zephaloniam/ Zazeit / Cathe-
ram/ Luceram/ Zaram/ und das edle Königreich Cretam/ mit hundert Städten/
besitzen wir ebenmessig.

Wir herschen über das Meer/ und von
allen Theilen werden wir ümb Hülff er-
sucht. Zu Helffern und Bundsgenossen
haben wir erstlich / den Groß-Türcken/
wel-

welcher uns freywillig Hülff anbeut.
Item den Hertzogen von Saphoi/ einen
tapffern Kriegs-Fürsten / mit der besten
Jugend aus Franckreich gerüstet. Die
mächtigsten Fürsten in Deutschland/ und
die General Staden in Holland. Zu den
Königen in Franckreich und Engelland ist
sich auch alles guhten zu versehen/ So den
einer sich vom Hauß Osterreich besorgen/
oder dasselb mit schlimmen Augen ansehen
wolt/ derselb helts mit uns/ von Anfang
dieses Kriegs ist durch unserer Rahts-
Herrn vornemblich der Jüngern Elo-
quentz und Beredsamkeit offt und viel un-
verdachtlich geredt/und darauff zum Waffen griffen worden. Denn unsere Vor-
fahren/Paduam/Veron/ und den besten
Theil Welschlande/mit viel geringen Vermügen unter sich bracht haben/ warumb
seind wir nun itzo so faul/und liegen still?

5. Alle diese Mittel bewegen mich doch
gantz nicht/ daß ich jemandsen mit
Krieg anzugreiffen rathen solt/
denselben aber so lang zuerhalten und zu
dulden/ biß man zu einem billigmessigen
ehrlichen Frieden gelange/ halt ich dafur/
daß sie mehr als gnug haben/und ein mehrers zuwegen bringen können/ laß ich also
A vj seyn/

seyn/ dagegen aber ist zubedencken / daß
der Sieg nicht allemahl dem Gelde
folget/ sondern oftmals sich bey einem armen schwachen Feinde finden lässet / und demselben der reichen Schätze überantwortet/ wor-
mit denn der Reiche gar erschöpfft / und
durch solche Gelegenheit der Raub den
Armen zustendig wird.

Die arme Hirten Stadt Rohm/ hat
Uticam/ Capuam/ Tarent Siciliam/
gantz Welschland und endlich Asiam ihr
unterwürffig gemacht. Denn wenn der
Reich zu Feld eine Schlacht thut/ ist gemeiniglich der Raub des Armen Feinds. Die
Heruli/ Wenden / Gothen/ Longobarden/
seind arm in Welschland kommen / haben
aber das reiche Welschland überfallen/
eingenommen / und der Streitbarn Ca-
millorum und Scipionum Nachkommen
an den Bettelstab gerichtet

Darnach so haben wir auch mit einem
reichen prächtigend Feind dem König von Spanien zu thun / der statliche
Besatzungen/ und alle Mittel Geld zuwegen zubringen hat/ und dieselben viel grös-
ser/ als unsere Stadt, und den jenigen/ so
wir

wir uns zuvohnbringen unterstehen/kan er
eben sowol nachfolgen / unser Geld ist ein
geringer Hauff jegen seine Goldberge zu=
rechnen/und in andern Sachen seind wir
auch die Schwechern/ Allein in Welsch=
land ist er zweymahl mächtiger als wir/
und hat nicht von Nöthen nach seinem
höchsten Vermögen mit uns zu kriegen/
Sondern der einige Stadhalter des Kö=
nigreichs Neapolis wird uns zugegen ge=
setzt/ Er hat das Fürstenthumb Meiland/
das Königreich Neapolis/Apuliam/Cala=
briam/darinnen streitbare Völcker/Er hat
Siciliam welche des gantzen Welschlands
Korn=Scheure/und drey/ja wol vier Feld=
lagere mit Proviant gnugsamb versehen
kan/ So hat er Wälder / Schiffe und
Kriegs=Leute darinnen/So mangelts ihm
auch nicht am Bundsgenossen/mächtigen
Angewandten und Aidam. Und wenn al=
les zugleich erzehlt werden solte / So ist
doch ein grosser Unterscheid darzwischen/
Was er in Vorraht hat das müssen wir
uns/durch viel Zeit und Gefahr/zu Was=
ser und Lande verschaffen/ Also das er fast
mit geringer Unkost einem Krieg führen/
als wir Kriegs=Volck annehmen können.

6. Aus diesem/ als einen gewissen Er=
folg/

folg und Verlauff nehm ich ab/daß wir in
Anfah: und Führung dieses Kriegs gar
nicht bedacht : noch weißlich gehandelt/
sondern unserer Macht und Reich:thumb
vertrauet/und den Ertz-Hertzog Ferdinand itzigem Käyser / muhtwilliger
schimpflicher Weise angriffen haben/denn
vor dem Krieg vertrösteten wir uns des
Siegs/ wie denn keiner wahr/ders nicht
dafür hielte/daß wir in der ersten Furi diesen Fürsten bezweigen und zu unsern Füs-
sen legen wurden. Er hat aber vem König
von Spanien Macht und Muht erlangt/
und nach beyderseits Wunden und Blut/
haben wir dreyssig tausend/ er aber kaum
zehn tausend Mann verlohren. Und diß ist
noch nicht gnug gewesen / Mit unserm
Geld / und grossen Verheissungen/ haben
wir den Hertzogen von Saphoi im Har-
nisch brachte/und damit den Spanier auch
gelocket und gereitzet/Denn weil ers dafür
gehalten / es wolte ihm nicht gebühren
seinen Vettern und Blutsfreund
den Hertzogen Ferdinanden Hülffloß zu
lassen/Also ist er auch/wie er den Saphoier
seinen Oheimb wieder sich zu Felde gese-
hen/unser Feind worden/und einige Schif
gezeug wieder uns außgeführt. Daß wir
also

also in einen schweren dreyfachen Krieg/
Nemblich in Steyermarck/Saphojen und
im Adriatischen Meer verwickelt worden.
Stehen wir nun dem Saphojer nicht bey/
so wird er gezwungen Frieden zu machen/
und alsbald wird der Gubernator zu Meiland Petrus de Toledo, Bergamum/
oder Veron überfallen / Verlassen wir
Steyermarck/so wird aller Last des Kriegs
in Friaul gezogen / Entschütten oder er-
wehren wir uns dañ des Neapolitanischen
Schiff-Zeugs nicht/so ligt die Kauf-und
Handelschaft/welche unserer Stadt-Leben
ist/darnieder/Teurung wird veruhrsachet/
und was druff weiter zu erfolgen pflegt/
ist Auffruhr des Volcks. Itzo sehen wir
wie schwach wir seyn/Rohm verwundert
sich drüber/der Groß Hertzog von Florentz
lachet in die Faust / und die Außlendischen/
so uns zuvor hoch hielten verachten uns/
Leichtlich ists den Krieg anzufangen/aber
zu vollenden nicht in unsern Handen
gewesen.

7. So weit und viel aber als ich verste-
he/ haben wir eigendlich zween Jrthumb
in diesem gantzen Krieg begangen/ Der
erst ist/das wir zu unrechter Zeit den Krieg
angefangen/Und dann : das wir zu lang-
samb

samb damit umbgangen seyn. Welches
ich nun deßwegen nicht berühr / daß sie
geendert werden können / Sondern damit wir ins künfftig nicht abermahl an
denselben Stein stossen mügen.

Der erst / daß wir die Gelegenheit des
Kriegs nicht in acht genommen / und Italiam zu unrechter oder ungelegner Zeit
unruhig gemacht haben / ist ein gemeiner
Weltlicher Feler / Hätten wir das Hertz
gehabt / unsern Nutzen zu befördern / solten
wirs / da die Könige von Franckreich und
Spanien mit einander Kriegten / da die
Niederlande in Kriegen und Uffruhren
brandten / wie der Türckisch Käyser Soli-
man Wien bedrengete / und Deutschland
in zwey Theil gespalten / wieder seinen
Käyser Krieg führte / Ihnen als bey Engelland die Spanische Armada einen
Schiffbruch erlitte / und zerbrochen im
Meer hin und wieder floß / gethan haben /
denn da wahr die Zeit / unsere Gedancken
anderweit abzuwenden / ein geschwind
Kriegs-Volck zu versamblen / und die Für-
stenthümer Mantuam / Parmam / Ferrar /
ja das vornembste Haupt Meiland zu er-
obern und einzunehmen / itzo aber ists nicht
rahtsamb-die Spanische macht zureitzen /

der

der König aus Franckreich ist sein
Schwieger-Sohn / der Engelländer sein
Bundsgenoß / Deutschland ist befriedet /
und Niederland helt den Stilstand / Der-
halben soll man wol zu Herzen fassen / und
in allen Rahtschlägen zuförderst dahin
sehen / daß es einer Herrschafft Wolstand
sey / und besser nicht / als wenn die Nachbarn schwach / spaltig / uneins / und einander in Haren ligen / wachsen und zuneh-
men könne / Denn wie in einer gleichenste-
henden Wag / der Außschlag leichtlich uff
die eine oder ander seit fallen kan / Also
auch wen Könige und Fürsten mit einander kriegen / sich ermüden / und außmer-
geln / ists einem frischen geruheten Theil
leichtlich / denn schwächer wieder den andern Hülff zu thun / zu deren einem sich
zugesellen / und mit dessen Hülf den gegen-
theil zu vertilgen ✳ und seiner Herrschafft
genzlich zu unterwerffen. Uff solche weiß
seind die Römer mächtig worden / uff solche weiß hat der Spanier in beyden In-
dien / indem er einem Theil beystehet / ihm
auch seinen Gewalt geschöpffet. Und also
haben unsere Vor-Eltern allemahl den
Pabst / Franzosen / dem Käyser und
Spanier / wenn sie sich wieder den Türcken

zu.

zusammen verbunden / einhalt gethan/ob
sie wol anders nicht dafür hielten daß es
ein schön / herrlich Ding/den Türcken zu
vertreiben / und zumahl nicht zweiffelten/
daß es ein heiliger Bund were/ledoch aber
als sie ob solchen Türcken-Krieg/den Nutz
und Vermehrung / so jeden Theil darab
zustehen würde/sahen/haben sie obbemelte
vier Potentaten allein bestritten / damit
sie keine Nachbarn überkemen/so mächtiger weren als sie / und obwol der Auß-
gang des Kriegs unglücklich gewesen/
seind sie doch allemahl uff solcher Meinung bestanden/dieweil dz Mittelländische
Meer/so wol uns als den Türcken unter-
worffen bleibt / Dann wenn erstbemelte
vier Potentaten das Griechen Land mit
seinen zugehörigen Inseln eröbert/hat unsere Herrschafft sich der Hoffnung zum
gantzen Regiment abthun/und dieselb fallen lassen müssen/Nun aber/ob ich wol einen offenbarn Krieg mit ihnen zu führen
nicht rathe/So laß ich mir doch belieben/
daß man zu solchen Zeiten die Könige also überliste.

Sehet unserer Voreltern Vorsichtig-
keit noch einmahl/Als vorzeiten den König
von Ungarn die einländische Uffruhren/
und

Und Türckischen Kriege sehr mit-nahmen/
und noch grösser Unheil befürchtent wahr/
was thäten da die Unsrigen? Sie entwand-
ten ihme die Insuln im Meer/ Dalmatien
und Liburnien/besitzen auch dieselben noch
heutigs Tags. Den Türcken haben wir
zu dem Ende in Europam bracht/auff daß
wir der Käyser zu Constantinopel Macht
dardurch schwächeten wiewol es daßmahl
nach unsern Willen nicht gangen/ denn
wir verhoffeten/ es würd darob erfolgen/
daß er sich und das Edelste Regiment uns
übergeben müste/ welchs als er solchs zu
thun sich unterstünde/ist sein gantzes Käyserthumb zu Boden gangen/eben da unserer Schiff-Zeug zusahe/ und dem flehen-
den Käyser / zwey oder drey Schiff zu
Hülff zu schicken sich nicht unbillig ver-
weigerte./ denn warumb unterwarff er
sich nicht zeitlich gnug unser Herrschafft?
Die Rodiser Ritter wolten sie mit solcher
List auch außtilgen / und Rodieß unter
sich bringen/ welche aber der Türck eben-
mässig verschlungen / sintemahl ihr Gewalt uns auch verdrießlich zu sein begund-
te/und waren sie dabey so stoltz und hoch-
mütig/daß sie sich zu gut achteten/ unserer
Herrschafft/ (welche doch Königmessig
ist) Vasallen und Lehnleut zu seyn.

Auff

Auff denselben Grund bestehet auch
meines Groß-Vaters Verrichten/den als
derselb sahe / daß mit Emanuels Königs
aus Portugal neuen Schiffahrten / demselben Reich neue Macht und Gewalt zu-
gezogen ward / bracht er mit rathen und
treiben zuwegen / daß unsere Herrschafft
sich darwieder setzte / dem Soldan in
Egypten Kriegsbereitschafft und Büch-
semeister zu Hülff schickte / damit derselb
den König von Portugal aus India vertreiben könte. O Göttliche Weißheit dieses
Hochverständigen Mannes / welcher die
itzige/und aller Welt erschreckliche Gewalt
vor Augen sahe / dieselben zu verhindern
und auffzuhalten sich unterstund / und
deßwegen dem Portugeser einen neuen
Feind erweckte / damit wann diese beyde
sich aneinander rieben / entweder der erst
die Indianische Schifffahrten verlässen/
und uns übergeben/oder der Soldan in
Egypten überwunden/uns unterwürffig
werden müsse. Und anderer Gestalt nicht
haben wir einen Theil Welschlands unter
uns bracht / die Paduaner/ Veronenser
und Bergomatenser uns zugesellet / daß
sie uns itzo dienen und gehorsamen müssen/
Also haben wir den letzten König aus Cy-
pern

pern mit Gifft hingerichtet/ und andere
mehr außgetrieben/ in dem wir uns in die
Zeit zu schicken gewust/ Wann wir aber
selber zu ungelegner Zeit die Waffen in
die Hand genommen/ haben wir allemahl
mit unserm Schaden erfahren/ wie wenig
Reichthumb ohne Krigs-Volck vermüge/
und also Ravennam und Hydruntum
wieder verlohren.

Der ander Irrthumb und Mangel ist/
Daß wir zwey Kriege zugleich zu führen
uns fürsetzten/ den Handel schier kurtz-
weilend/und mit zu geringer Macht ange-
fangen/ da uns doch den gantzen Gewalt
daran zustrecken gebürt hette. Meine
Meinung wil ich hiemit ehrlich eröffnen/
Es ist beschlossen gewesen/den Ertzhertzog
Ferdinand zu unterdrücken/Ich bin nicht
gestendig gewesen/ daß mir der Krieg ge-
falle/nachdem er aller Meinung nach überwunden. Auff daß aber die junge Man-
schaft unserer Raths-Herren/durch diesen
am hefftigsten sich ereugenden Krieg/
brechen mügten/ hab ich diesen nützlichen
heilsamen Raht geben/daß andere Gesand-
ten zum Ertzhertzogen geschickt/immittelst
in geheim ein groß Kriegs-Volck zu Was-
ser und Lande versamlet/ und Ferdinand/
da

da er sich noch des Frieder
zweyen örtern mit einem
ren Krieg angegriffen wur
ihr Steyermarck und J
nem grossen Kriegs-Vol
lich zugleich erschreckt un
gen hättet/wäre in einer H
Handen gewesen. Nun
unserm saume ihne uns z
Der Krieg erfordert Ges
des ersten Anlauffs U
Grimmigkeit wirfft plötzl
nen Hauffen/ Hätt mein
Platz behalten/würden di
ren Feind eher überwund
lend gesehen haben / dem
Bette hätte in Hispanien
(Ist vielleicht die Belage
Vereel oder Gradisca ge
   Itzo kömpt noch ein an
welcher uns mit einer ve
Belagerung vexiret un
zwischen/ Ich hab gerah
auff unsern kosten eine
tapffern Kriegs-Für
len.(Villeicht dem Hertzo
Es wahr aber ein grosser J

sagen? Dieser hätt aber ein groß Kriegs-
Volck aus Welschland / Franckreich und
Deutschland zuwegen bringen/ seines Ge-
fallens männiglichen mit Gewalt und
Dreuungen erschrecken/Meiland selbst be-
lagern/und also den Spanier von des Fer-
dinandi Hülff gäntzlich abhalten können/
Immittelst wäre es uns leichtlich gewesen/
Steyrmarck/ Kärnten und Isterreich zu-
bezwingen/und unserer Herrschafft Gren-
tzen biß an die Thonaw zuerstrecken / Nun
aber haben wir auff den   Saphoischen
Krieg ein grosses Geld spendirt/und doch
unsern Vorsatz den Spanier nemblich von
uns abzuwenden / mit nichten behalten/
Dann derselb hat den Saphoier verderbt/
und nahet sich auch feindlich zu uns / ist
derwegen derselb Unkost auch vergeblich
gewesen.

Es ist mir nicht unbewust / daß es diß
Orths nach eines andern Meinung/deren
Anfänger der Hochverständiger Mann
Camillus Contarenus gewesen / gangen/
Nemblich dem Saphoier untreulicher
listiger Weiß zu helffen/nicht daß er über-
wunde/sondern endlich überwunden wür-
de/den Spanier auffhielte/verhinderte und
beschedigte / nicht daß er dardurch mächti/

ger

ger / sondern sein Land erschöpfft / und er
durch frembdes Geld unterdruckt/der alten
Gerechtigkeit/so er über die Stadt Genff
gehabt/entsetzet/also auf unsere Macht und
Reichthumb zusehen genötigt würde / diß
ist zwar an sich selbst recht / und unserm
Regiment nützlich gewesen/denn wir auch
dieses damit erlangt haben / daß wir uns
vor ihme nicht mehr fürchten dürffen/und
nun also geschwechet ist/daß wenn er gar
beweltig/der Spanier leichtlich von uns
auch unterdrückt werden könt. Darzu ist
auch dieser Nutz daraus entstanden / daß
wir mit unserm Gelde den Unfal und Ver-
derben von uns/auf ihne verwendet haben/
denn das Kriegs-Volck welchs die Lom-
barden verwüstet/und Vercel eröbert/hät-
te Bergamum/Cremon/Veron und Pres-
sam auch gewinnen können/ welchs nicht
allein zu allgemeinen/ sondern auch unsern
des Venedischen Adelß (so derer Oerter
seine stattliche weitleufftige Güter hat)
privat Schaden gereicht wäre. Wer wil
nun nicht gestendig seyn/ daß hieran klüg-
lich gehandelt sey/in denen wir einē fremb-
den/und nicht Italianischen/sondern Frantzösischen Gebluts mächtigen Fürsten/den
Saphoier denn wir fürchten müsten/ mit
sei-

seinem gantzen Lande/vor uns/ dem Hi-
spanier/ als ein Schlacht-Opffer vorge-
worffen haben. Aber doch ist in diesem
fallirt worden / **daß wir nicht bald
gnug den Krieg angefangen/**noch
ihm mit solcher Macht beygestanden seyn/
daß der Neaoplitanische Schiff-Zeug
dardurch verhindert werden können / Also bittet er nun nach der seinen Verlust
und Schaden umb Frieden/ Spanier ist
mächtiger worden/ und wir seynd in desto grösserer Gefahr.

8. Nun komme ich zu unsern Helffern
und Bundsgenossen und erstlich vom
Groß-Türcken/ wobey ich diß zum ersten
erinnere/ daß desselben Hülff nicht allein
ungewiß / folgends auch schädlich und
gefährlich sein würde / dieweil ihme der
Persianer mit einen grossen Krieg auff
dem Halß ligt / darzu mitten in seinem
Lande die Cosacken hat / welche er weder
mit Gewalt noch   Listen dempffen kan.
Darnach weiß er auch unsere Weise zu
kriegen / und hat sich derselben jederzeit
gebraucht/ denn durch seiner Nachbarn
Uneinigkeit hat sein Gewalt zugenommen/
die spaltigen Saracenen hat er überwun-

B   den/

den/ und den widerſpſtigen re-
bellirenden Griechen zugebieten/
Wie er von ihnen zu Hülff beruffen/hat
er Adrianopel / und andere viel Oerter er-
óbert / und damit wir nicht von weiten
Exempla anziehen/ſo ſehet Ofen in Un-
gern an/niemals hat er den Chriſten anderer Geſtalt beygeſtanden/als daß er ſie
unterdruckte.

Und gleich wie wir den Saphoier und
Spanier an einander bracht / daß ſie zu
unſer Sicherheit mit einander fechteten/
alſo ſihet der liſtige Türck mit groſſer
Wolluſt der Saphoier und Spanier
kriegen zu/und erfreuet ſich beyder Theile
Schadens und Blutvergieſſens/ Noch-
mehr aber des unſrigen/dieweil ers dafür
hält/daß er dieſelben leichtlicher und eher/
als des Spaniers/bezwingen könne.

Sie wollen aber/die Art und Weiß/
der Türckiſchen Aſſiſtentz / fleiſſig und ei-
gentlich erwegen und außecken. Entweder wird er mit einem anſehnlichē Schif-
gezeug/der Spaniſchen gleich/oder über-
legen / in Italiam kommen/oder eine Anzahl Galeen unſerer Armadē adjungirn
mit welcher die Türckiſche Venediſch
. Schiffs-

Schiffs-Macht/die Spanische überwinden könne / Denn nachfolgender weiß
pflegt er nicht leichtlich einen zu succur-
rirn, theils weil er nicht trauet/ theils weil
ers seiner Majestät ungemeß achtet / daß
er seinen Admiral dem unsrigen unter-
worffen seyn lassen solte/ Wollen wir ihne nun nach unserm Gefallen kommen
lassen/sollen wir ihm auch unsere Meer-
Porten eröffnen/darein ziehen lassen/mit
Geld/Proviant und Speiß-Versehung
thun/ und sich zu ihme alles guten verse-
hen/In welchen Port aber/als den Cor-
funischen/Corculianischen/oderSelecen-
sischen/wollen wir die Türckischen Galeen
nehmen? Beliebts uns unsere Städte
und Porten dem ungläubigen treulosen
Volck dergestalt einzuraumen / daß wir
durch sie die Christlichen Fürsten überwinden? Wann wir gleich die greulichen
Flüche und Vermaledeyungen der gantzen Christenheit in den Wind schlagen/
wird uns nicht unsere eigene Gefahr erwecken und bewegen ? Denn wer wird
diesen mächtigen / Gott: und Treulosen
Meineidischen Feind / den wir selber in
unser Vaterland beruffen/ wenn er darinnen zu nisten unterstunde / wieder her-

B ij   aus

aus treiben? Gefället euch nunmehr die Türckische Dienstbarkeit als der Spanische Fried?

Ihr mügtet aber villeicht sagen / daß er in Apulien/ Calabrien oder Sicilien einen Port einnehmen würde/damit er die Spanier beschedigen könne. Ob er dieses nun thun wolle/weiß ich zwar nicht/aber dieses wol / das alle Porten an denen Dertern / wol befestigt seyn/und schleuntge Entsatzungen haben können/Derowegen ichs dafür halt / daß er mit Gefahr/ und aus Besorgung des Abschlags oder Abtreibung/ sich dessen nicht unterstehen wird.

Wir haben aller Welschen grossen Haß und Neid auf uns geladen/wie wir der Türckischen Belagerung der Stadt Hydrunt stillschweigende zusahen / und so viel an uns wahr/das Welschland den Türcken zu übergeben gedachten/ daher kömpts/ daß aller Welschen Gemüther itzo über uns erbittert seyn / und sich unsers Unglücks erfreuen / Neapolis hat neulich eine grosse Anzahl Getred und etzliche hundert tausend Ducaten seinem Könige freywillig offerirt / damit er die Unkosten des Venedischen Kriegs desto baß

baß ertragen könte/und wenn die Türckische Armada Italiam nur berühren wird/ so werden der Pabst und Groß-Hertzog von Florentz / nebst der gantzen Nation sich mit Hand und Mund dagegen setzen / das eusserste herfür suchen/ und mit Gut und Blut/vor das Vaterland/Weib und Kinder streiten. Vorzeiten in Belagerung der Stadt Hydrunt/ haben nicht allein die vornembsten Städte/ sondern auch alle Geistlichen/ja so gar die Bettel-Münche ihre Hülf geleistet/ Und weiß dieses alles der Türck gar wol/Derhalben lässet er Italiam mit frieden/und sich begnügen/daß er dasselbe durch seine streiffende Raub-Schiffe beunruhigt und beschedigt.

Da auch die Türckische Armada sich etwas unterstünde/ würde sie/ (sag ich) unser / als denen am leichtesten Unheil wiederfahren mag/weil er uns der Christen halber gantz hülffloß weiß/am ehisten begehren / denn lieber sagt mir/die ihr so grosse Lust zu der Türckischen Schiff-Rüstung habt/ wenn der Türck etwa die Insel Cretam / Zphaleniam oder den Schlüssel zu unsern Meer/ die Insel Corfu überfiele/Mit welcher Armaden/ oder

B 3

wel-

welchen Kriegs-Volck wolten wir/deroselben zu Hülff kommen/ Alsdenn sagte ich auch / mit welchem Gelde wir so viel Armaden und Kriegs-Volck unterhalten wollen / wenn wir nicht vielleicht unerschöpffliche Schätze hätten und wusten.

Diesem müge nun so seyn : Itzo aber haben wir aus Holland und Frießland/ alte und langbesoldete Kriegs-Leut: Was hätten wir damit vor Nutz und Vortheil geschafft/nur daß wir an den Tag geben/ daß die Holländer und Engelländer nicht können und wollen den Venedigern im Krieg dienen. Wird denn auch der Türck warten/ biß das Kriegsvolck von den Nordländern herbey komme? Die jenigen/ welche so embsig und geschäfftig seyn/ des Vaterlands Gräntzen herfür zu bringen/ bedencken sich/ was sie mir antworten können/ wenn ich sagete/ daß sie das Vaterland verderbten. Denn wenn der Türck etwa mit 100. Schiffen unserer Landschaft eine anfiele/ könten wir kaum mit zwantzigen deroselben zu Hülf kommen. Stehet derowegen unsere Wolfahrt zu des Türcken Wol-

ge-

gefallen/welches Gutwilligkeit oder Faul-
heit wirs zu dancken haben/ daß er nicht
denselben Tag/ als die Neapolitanische
Armada in unser Meergestadt einführe/
hat angefangen die Insel Candiam/Cor-
linam oder Sidonem mit Büchsen zube-
schiessen. Der höchste Irrthumb aber
ists den Christlichen gemeinen Nutz also
vorzustehen/ daß er wider des grausamen
Feinds willen nicht bestehen könne.
Wenn aber der Türck das jenig/so er mit
Nutzen und ohn sein Gefahr thun kan/
ins Werck richtete / von wannen wollen
wir den Hülff zugewarten haben? Der
Frantzoß hat keine bereitete Armaden bei-
handen/der Engelländer auch nicht/ihrer
keiner wurde die Verbündniß brechen.
Die Holländer / so durch die Türckische
Bündniß betrogen/könen kaum in Asien
ihr Gewerb-Händelschafft treiben / die
Hispanier und Italiäner hätten wir uns
zu Feinden gemacht/und könten wir allein
dem Türcken nicht gleich seyn / wie wol-
en wir nun in Steyermarck/ Saphoien/
im Adriatischen Meer/auch in Griechen-
land und darzu gehörigen Inseln den
Krieg führen? Damit wir aber mit dem
thisten aus dieser Gefahr errettet werden/

B iiij   lasse

laßt uns/ wie wir offt gethan/unser Ver-
mügen/Mannschafft und Schiffrüstung
zusammen thun / damit wir dem grausamen Erbfeind eine Furcht und Schre-
cken einjagen mögen.

Der Ander unser Mithelffer ist der
Hertzog von Saphoien/wlecher nach ihm
zeucht Franckreich/mit seinem Vermügen
und Mannschaft/ein streitbahres Kriegs-
volck/vom Geschlecht der alten Francken
entsprossen/ Wolte Gott daß die Venediger den Tag sehen und erleben sollen/ an
welchen diese beyden mächtigen Reich
sich an einander zerstiessen/ und nach beyderseits geschwächten Kräften / unsere
reiche Königin des Meers / und Herr-
scher in aller Städte anbitten und vereh-
ren mügten. Welche stattliche Gelegenheit hätten wir denn an der Hand etwas
anzugreiffen/noch mehr / langwierig zu
überwinden. Aber was unsere gegenwer-
tige Sach anbelangt/haben wir von Frantzosen oder Saphoier gantz keine Hülff
zu erwarten/und da es gleich etwas wäre/
ist doch dieselbe ungewiß und mißlich/
Sintemal diß Kriegische wanckelmütige
Volck unter diesem jungen Könige /, so
daheim müssig und still sitzet / noch nie-
mals

mals Ruhe gehabt hat. Wir aber wurden wieder einen gewissen schweren und
mächtigen Feind an gewisser HülffMan-
gel leiden/ wie leichtlich könte der Schwe-
her den Aidam/ der König von Spanien
den von Franckreich/ die Gemahlin ihren
Herrn/ und die Mutter den Sohn zum
Frieden bewegen? Die Frantzösische
Fürsten selbst könten des Königreichs/
und ihrer eignen Sachen halber versöh-
net und verglichen werden / wurd demnach alle solche Assistentz an einem geringen schwachen Faden hangen/ wir aber
wurden wir nicht durch ein nichtig oder
gering Geschrei/ entweder unseren Muth
fallen lassen oder denselben erheben und
stoltzieren? Wenn man nur sagte und
außsprengte / der König wäre anders
Sinnes worden/ hätte Lust zum Frieden/
oder seiner Fürsten einer Rebellirte/ so
bald wurd unsere Sach wieder zurück
fallen. Aber doch/ damit uns deren keines
betrieg oder verführe/ sagt mir/ was haben
endlich die Italiäner von den Frantzosen/
und von denselben die Venediger zugewarten? Die Frantzosen können funfftzig
tausend Mann in Italiam führen/ denselben werden die Saphoier/ Piemonteser
B v   und

und Schweitzer mit ihrem Volck bey-
springen / das Fürstenthumb Meylandt
unter die Frantzösische Cron oringen/in
allen Städten und Flecken wurden die
Frantzösischen Lilien scheinen und sich sehen lassen. Meynet ihr nun/ daß unsere
Herrschafft alsden auch sicher seyn wurde. Dafern die alten Rathschläge unserer
Herrschafft mit gefallen und belieben/ soll
kein Potentat sehrer zu befürchten seyn/
als der Frantzoß in Italien / alda mit
Frantzösischem Rath und Endschluß/
demselben gantzen Reich anders nicht
mangeln würde / Als daß er durch der
Meyländer oder Venediger Gebiet über-
komme den Gebrauch unsers Adriatischen Meers. Ich darffs bey der höchsten
Warheit reden / wenn der Hispanier
vom Frantzosen überwunden/ und aus
Welschland vertrieben wird/alsdenn unserer Herrschafft Freyheit zu Boden gangen sey / Gedenckt an die unglückliche
Schlacht bey dem Fluß Abduan/und den
ungewissen Glauben aller unser Städte/
so allbereit auff anderer Herrschafften
lauren/und derer begehren/Ob wir gleich
Veron geschwind eingenommen/ so haben wir doch die Obrigkeit zu Padua mit
dem

dem Strick erwürgt / und fast keine der
vornehmsten Städte uns mit Lieb und
Treu verpflicht gemacht/ Ist sich derwegen eben so wol zu befahren / daß wir
nicht durch die Frantzosen überwinden/
als vom Spanier überwunden werden/
dahin aber ist allein zu gedencken/ wie andere Potentaten sich an einander reiben/
und wir unsern öffentlichen / und etwa
heimlichen Feinden/ oder unsern Freun-
den/ welche mächtiger als wir seyn / einen
Feind erwecken mügen.

Die dritte Hülff deren wir uns vertrö-
sten/ stehet bey Teutsch- und Holland / wil
von einer jeglichen absonderlich handeln/
Die Holländer seynd unter sich selbst
nicht eins / und wenn sie mit Krieg be-
drengt werden / haben sie männiglichs
Hülff von nöthen / darnach seynd sie uns
zum weitesten entlegen/ also/ daß leichtlich
ihre gantze Hülffe uffgefangẽ werden kan/
Vors Dritte treiben sie Kauffman-
schafft/ oder wie jener sagte Wirtschaff-
ten im Kriege/ denn aus Holland kömpt
nichts/ als was von Golde gläntzet / ihre
Obersten/ ihr Kriegsvolck/ so aller Orter
zusammen gelesen/ ihr Proviand/ Schif-
fe/ Rüstungen und Waffen/ muß alles
durch

durch einen weiten Umbzug uns zugeführt werden. Die Schiffe kommen mit grosser Gefahr zu uns/ welche kaum können wieder heimbfahren/ Immittelst wird der Kriegsmann / so herzu bracht wird/ von der langen Meerfarth schwach/und kan so weinig unsere Lufft als Kriegszucht erleiden/Hasset uns derowegen weiniger nicht/ als der Feind selbst. Aus fünfftausenden haben wir eher fünffhundert zum Weglauffen / als zum Fechten fertig / und aus Holland gantz keine alte versuchte/sondern junge und faule Gesellen zugewarten / und darzu weil die Schiffarth lang und gefährlich ist/ gibt dieser Kriegshülff schier keiner den Nahmen/als der an allen solchen Verzweiffel hat/ Sehe derowegen nicht/ wan mit solchem außländischen unwilligen Kriegsvolck/ unter einem besoldeten Obersten/ dem unsere Herrschaft den Krieg zu führe erkent hat/verrichtet werden könne.

Endlich so berühmt man sich der Teutschen Reichs-Fürsten Verbündnissen/ deren Asistentz / ob ich sie zwar vor auffrichtig halt / ist sie doch ungewiß/gering/ und wird viel kosten. Ungewiß ist sie/ weil sie Ertzhertzogen Ferdinand ihren

Mit-

Mit-Churfürsten Königen zu Boheimb
nicht leichtlich werden bekriegen / Darnach wens der Käyser verbeut / wird keiner leichtlich darwieder thun / und durch
ein gering Briefflein uns solche Hülff
entzogen und abgeschnitten / Das sie
auch gering sein werde / kan einer / so da
bedencket / das Deutschland mannigfal-
tig zertheilet / und der vornembste Theil
entweder unter dem Hauß Osterreich /
oder deme zugethan ist / unschwer ermes-
sen / Derowegen es nur die jenigen mit
uns halten würden / welche man die Unirte / oder Correspondirende nennet / deren
sich aber die Frey / und Reichstädte im
weinigsten zugesellen werden / den dieselb
nicht haben wollen / das die Fürsten dardurch mächtiger werden mügen / Vornemblich der Pfaltzgraff am Rhein / welcher seine Nachbarn zu plagen / und
durch neuerbaute Städtlein / (deren Ein-
wohner er aus dem Niederlanden beruft)
der alten Reich-Stadt Privilegien und
Nutzungen in seine Herrschafft zuziehen
und zubringen sich unterstehet.

Demnach und weil diese Assistentz / nur
auff etzlichen weinig Fürsten / welche sich
doch vor ihren Nachbarn entsetzen / beruhet /

het/können wir uns des Ohrts keiner an-
dern/als vielkostender/ zusammen gera-
spelten Hülff vertrösten / welche auch/
wenn sich die andere dawider setzten
schwerlich zusammen bracht / noch uns
wieder zugeführt werden können. Uber
das auch wurd sich die Gefahr vermeh-
ren/wenn etwa in   Deutschland ein geringer Tumult entstunde / denn so das
geschehe/wurd nicht allein keine Hülff
uns zugeschickt/sondern auch daseinig ge-
schickt wäre/dieselb wieder zurück geför-
dert werden.

Dagegen werffen etzliche ein :   Der
Pfaltzgraf werde Römischer König/und
fortan zum Käyserthumb gelangen / alsdann sey durch seine Authorität und
Macht/die Venedische Herrschafft/zum
höchsten Staffel zu befördern: Wollen
derowegen vor erst / ob dasselb glaublich/
daß er Römischer König werden könne/
darnach wenn er zur selben Dignität er-
hebt wurde / ob er denn könne und wolle
die Venediger erhöhen/und groß machen/
erwegen. Daß ihm nun dasselbe Regiment nicht auffgetragen werde / stehen
viel Ding im Wege/denn die drey Geist-
lichen Catholischen Ertz-Bischöffte Chur-
· für-

fürſten / und der vierdte König zu Bö-
heimb/ihme ihre Stimme darzu nicht geben / und ihn ſich zum Herrn ſetzen wer-
den/Derowegen er auch/weil das Reich
ſieben Churfürſten hat / und er mehr
nicht als drey Stimmen zu verhoffen/
zum Römiſchen König nicht erwehlt
werden kan.

Darnach ſo wird der Churfürſt von
Sachſen vom Hauß Oſterreich nicht ab-
weichen/und kein Lutheraner einen Cal-
viniſten den Scepter übergeben / theils
weil ein groſſer Haß der Religion halber
unter ihnen iſt / theils weil er vielmehr
ihm ſelber / als dem Pfaltzgraffen/dieſelb
Ehr zu gebühren vermeynen thut. Es iſt
auch über das noch eine andere Welt-
liche Urſach/welche alle Deutſche bewegt/
daß ſie nicht leichtlich vom Hauß Oſterreich ſetzen / denn gar neulich haben die
Lutheriſche die Calviniſchen Fürſten/als
ob ſie den Türcken in ihren Hertzen tru-
gen/und mit denſelben heimliche Verbündniß hätten / in öffentlichen Schrift-
ten beſchuldigt/und haben ſie alſo in Ver-
dacht/als ob ſie das Reich verrahten würden. Und wenn gleich dieſe ſolchen
Schandflecken abwiſchten/werden doch
jenne

jenne das Hauß Osterreich nicht verlaſ-
ſen/Den Ungarn/Oſterreich/Schleſien/
und die andere Oſterreichiſche Landſchaf-
ten vorwehren ſeind wieder den Türcken/
welche mit gantzen Deutſchlands Vermügen pflegen beſchützt zu werden/ ſo
auch in Friedens-Zeiten/ darzu zu con-
tribuirn gewohnet hat.

Sodann ein frembder und dem Hauß
Oſterreich wiedriger Fürſt zum Käyſer
erwehlt/daſſelb Hauß verlaſſen/und Frieden mit den Türcken zu machen/oder ſich
unterdeſſen Joch zu geben benötigt wur-
de/werden ſie mitten in Deutſchland
haben/welchen ſie auch zertheilter Kräfte
halber / nimmermehr wieder vertreiben
können / und alſo hab ich viel Hochver-
ſtändiger Leut offtmals Diſcurirn hören.
Daß wenn die Deutſchen vom Hauß
Oſterreich abfallen / dieſelbe ſich dem
Tyrannen am erſten vorwerffen/hernach
dieſe/welche mit dem Hauß Oſterreich
itzt vereinigt / und den Spanier kaum
gleich ſeynd / ſich unter ein viel hartes
Joch und Laſt begeben würden.

Es mügt aber einer ſagen: DerPfaltz-
Graff wird durch ſeiner Bundsver-
wand-

wandten/als der Holländer / Engelländer und Venediger überstimmung/wieder
seiner Wiedersacher Willen das Reich
behaupten ? Solches ist uns mehr zu
wündschen/als zu hoffen / Sintemal
gantz Deutschland alsdann mit sich selbst
in einen grossen Krieg gerathen würde/
Fürnemblich die Oesterreichischen Landschafften / In welchen Tumulten und
Empörungē uns den eine herrliche Fische-
rey würd eröffnet werden. Und villeicht
ist dieser unser einiger Weg zum höchsten Regiment zugelangen. Aber doch
können wir dieses Orts auch keine Hülff
wieder den Türcken oder Hispanier ge-
warten. Schätze und urtheile demnach/
daß alle diese Macht und Vermügen
unbeschließlich/in den Wind zu schlagen/
und vor nichts zu achten sey/ Dann keines wegs die jennige / so man die Correspondirende nennet/den andern gleich
seyn/noch weniger außlendische Entsa-
zungen ihnen zuziehen werden. Daß sie
ihnen nicht gleich seyn / beweiß ich aus
diesem/ daß alle vom Hauß Osterreich/
welche grosse und weitläufftige Herrschafften besitzen / ihnen zuwieder sein
wür-

würden/denn diß einige Hauß mächtiger
ist/denn alle Correspondirende. Die andern Fürsten auch deren Nahmen und
Zahl/ zwar grösser/ denselben (welchs
in Deutschland ein grosses auff ihm hat)
vertrauen die Freien Reichsstädte nicht/
und solches zweyer Uhrsachen halber:

Die erst ist die Uneinigkeit in der Reli-
gion/den sie die Städte seynd der Luther-
schen/ und die Correspondirende Fürsten mehrentheils der Calvinischen Religion zugethan / welche sich auch ihren
Väterlichen Satzungen zuwider / diese
neuen Irrthüme in die benachbarten
Städte zubringen unterstanden haben.

Die andere Uhrsach ist Weltlich/daß
sie vermercken ihre Privilegien und Frey-
heiten von denselben Fürsten auch itzo/
wenn sie ihre Hülff bedürffen / geschwä-
chet/ und durch die neuerbauten Städtlein ihre Nutz- und Nahrungen abge-
strickt werden würden. Unter dem Hauß
Osterreich aber haben sie bißher ihre Po-
liceien und Freyheit der Religion behal-
ten. Könten derowegen die Unirte oder
Correspondirende, durch ihre eigene
Macht und Vermügen das Römische
Reich

Reich nicht erlangen / Noch weiniger
werden sie / ob sie sich gleich ausserhalb
sich umb Hülff bewerben/viel verrichten
können.

Die jenigen / deren Hülff sie sich in
Uberkommung des Reichs zugesellen und
vermuten mügten/seynd der König aus
Engelland / die Staden/die Könige aus
Schweden und Dennemarck. Denselben setze ich zugegen/den König von Spanien und dessen Niederlande/die Catholischen Fürsten in Welschland / nebenst
dem Pabst/den Hertzogen von Lothorin-
gen/und König aus Polen. Der Engelländer ist zuweil entsessen / und vermag
wenig ausser seinem Reich. Der Dehne
und Schwede seynd nicht einig/schicken
auch in frembde Landschafften kein
Kriegs-Volck: Beruhet derowegen die
erst und vornembste Hoffnung auff den
Staden von Holland/weil sie Nachbarn
seynd/und allezeit Kriegs-Volck in Bereitschafft haben. Aber der Holländer
Gemühte und Meinung hab ich aus ihrem
eigenen Discursen gehört/dieselbe wollen nicht ob sie sich gleich asso stellen/ daß
der Pfaltz-Graff zum Römischen Reich
erhöhet werde. Erstlich zwar/weil Holland

land in zwey Theil getheilt ist deren der
eine/ so der geringer/ den alten/ abscheuli-
chen und kalten Calvinismo Nachfolge.
Der ander Theil aber / welcher grösser
und mächtiger/ glaubt mit beywohnender
Bescheidenheit etwas besser/ und trit den
Catholischen etwas näher/ Hassen derowegen beyde Theil einander zum höch-
sten/ Der Engelländer und Pfaltz-Graff
haltens mit den eltern / und begehren anders nicht / als daß die Neuen mügten
vertilget werden/ Welchs den Neuen un-
verborgen/ sintemahl der Engelländer es
durch Brieff und Botschafften also verhandelt hat.

Vors ander / ist noch ein andere Uhrsach verhanden / so Politisch oder Welt-
lich ist / Das nemblich ihre mächtige
Nachbarn ihnen nicht entgehen oder die
Herrschafften vereinigt / und zusammen
gebracht werden mügen/ Denn vorzeiten
regierten in Engelland / Schottland und
Irrland drey Könige/ deren jeden wahren die Niederlander gleich / diese drey
Könige kriegten offtmahls zusammen/
und verderbten einander/ Itzo aber seind
diese drey Reich zusammen in eins ge-
bracht/ und haben angefangen den Hol-
län-

ländern erſchrecklich zu ſeyn/Und viel er-
regte und geführte Kriege / liegen itz
nicht ohn Beſchwerung ſtill und ſchlaf-
fen/derowegen bleibt dieſer Fried ungewiß. Wenn dann der Pfaltz-Graff Rö-
miſcher Käyſer wird/ da er albereit des
Engelländers Aidam iſt / würden die
Holländer zweyen mächtigen Reichen
eingeſchloſſen werden/und anders nicht/
als eine entlehnte/und mit Bitt-erlangte
Freyheit überkommen/auch ihre Geſpcen
und Irrungen / nach dieſer beyder Be-
lieben und Wolgefallen / vergleichen laſ-
ſen müſſen. Was würd mehr erfolgen/
wenn der Pfaltz-Graff auch das Königreich Engelland / als ſeyn verſprochen
Heyrahtgut (davon er nur durch einen
eintzigen Erben abgehalten wird/welcher
weil er der geſundeſten keiner/viel eher als
ſein Bruder abgehen/und ſeiner Schwe-
ſterman das erledigte Regiment übergeben kan/) überkäme. Würden die Holländer ſo wol zu Waſſer als zu Lande ge-
preſſet werden.

Dem allen nach / ſo werden ſie diß
gäntzlich/und ſo viel an ihnen / ob gleich
Kriegs nötig wäre/verhindern/Und für-
wahr ſchicken ſie ſich albereit darzu/ Deñ
der Engelländer hatte in Seeland etzliche
feſte

fäste Städte und Schlösser pfandsweise
innen. Sobald sie aber der Vollenzie-
hung dieser Heyraht verständigt/ haben
sie angefangen das Geld zuerlegen/ solche
Städt und Schlösser wieder an sich zu
lösen und mit ihrem Kriegs-Volck zube-
setzen. Folgends: Weil die Engelländer/
Dehnen / und Hertzog von Braun-
schweig/ die Schwägerschaft und Bündt-
niß verdächtig hielte/ haben sie eine neuen
Bund mit dem König von Schweden
und dem Hense Städten eingangen/ Und
solchs eben zu der Zeit/ als sie sich wegen
der Religion und Kauffmanschaft mit
dem König von Engelland Zancks und
Unwillens besorgten. Derowegen so
werden die Holländer den jenigen Ge-
walt/ vor deme sie sich zu fürchten/ und
welchen sie zertheilt zu seyn begehren/ mit
ihrem Gelde nicht Stabilirn und befe-
stigen. Welches/ ob sie es gleich thun
wolten/ lässets doch der König aus Franckreich nicht zu/ den so der **vorig König
Heinrich der Groß** (des itzigen Königs Vater) alles in den Niederländi-
schen Stilstand dahin gerichtet/ damit
die Niederländische Provintzen also zer-
theilet/

theilet/ und zweyrechtig / der Krohn
Franckreich Sicherheit præstirten/ Iho
aber nun darselben Könige die Frantzosen
ungleich/so werden sie die Vereinigung
der Deutschen und Englischen Krohn
zulaffen? Wenn der Pfaltz-Graff mit
Käyserlicher Macht und Vermugen
umbgeben/auch in Welschland herrsche-
te/könt er leichtlich Franckreich zu Waffer
und Lande angreiffen / damit er dieselbe
Krohn / deren Titel der von Engelland
führet / sich bemächtigen möge. Wir
wollen aber nachgeben/als obs geschehen
sey/ welches ich doch/daß es geschehen
werde nicht nachgebe/ Wer wil uns ver-
gewissern/daß der Pfaltz-Graf werde unser Freund seyn? Ist ers nun/so ge-
schichts deren Uhrsach halber/daß er die
jenigen vor unsere Mißgönner hält/wel-
che doch unsere Widersacher seynd.
Das ist aber ein gering Band der
Freundschaft/welchs durch eines andern
Haß und Feindschafft verstrickt wird.

Wenn er Monarch oder allein Herr
worde/wurde er vielleicht Paduam/ Veron und andere Welsche Reichstädte
wieder fördern/weil es mit den Aid verbindlich gemacht wird/alles verlorne wieder

der zu eröbern/ da ers nur vermög/Und
zwar ein Potentat/welcher so viel Reich
besesse/könt es Prestiren und verrichten.

Derowegen er auch unser Herrschafft
keinerley weiß erhöhen/ sondern so best er
kan/unterdrucken wird/Sintemal er daß
gewisse vor sich hat / daß wir darnach
trachten / wo er nach trachtet. Nemblich
zu Beherrschung der gantzen Welt/ Also
daß ein Töpffer gewißlich den andern
Hassen und Neiden würde.

Zudem sehe ich auch keine eintzige
Uhrsach / derentwegen uns der Pfaltz-
Graff zubeschützen vermeint seyn könne.
Uns beliebt die Aristocratia da die aller-
besten das Regiment haben / Er aber
würd die Monarchey/darinnen er allein
regiert befordern. Wir unterstehen unsern Adel zu Königlichen Reichthümen
zu erhöhen/Er hat mit seinem Adel oder
Ebenburtigen viel Zancks/und unterstehet dieselb unter sich zu bringe. Wir seynd
Italiäner/er ist ein Deutscher / Wir be-
schweren mit unserm Regiment die jenigen Städte/welche er zum Reich gehörig/
vermeinen thut.

Endlich was ist vor ein Differentz in
der Religion/Wir bekennen die alte Ca-
tholische/

tholische/der Pfaltz-Graf ist vorzeiten von
derselben abgefallen/und wir können seiner Meinung nicht beyflichten/alldieweil
in der Pfaltz-Graffschaft in kurtzer Zeit
die Religion fünffmahl verendert worden/
und zubesorgen ist/daß sie in kurtzen vielleicht wieder geendert werde. Denn warumb solt dieser Zartling nicht die Calvi-
nisterey belieben/der mit seinem Exempel
die vornembsten Stände in Holland gar
hefftig betrogen?

Können demnach wir uns von ihme
nichts gewisses versprechen/darzu wenn
er in andere Kriege verwickelt würde/
Muß er vielmehr sich selbst zubeschützen/
als uns auffzumutzen/sorgfältig/und ihm
angelegen seyn lassen.

Letzlich so vernehmet von seinen benachbarten Freyen Reich-Städten
Straßburg / Schletstadt / Speyer
Wormbs/ Franckfurt und Hagenau/
was vor Streit er denselben erregt/welche
Eingriff er ihnen in ihre Gerechtigkeit
gethan/ Auch wie ein jeder sich über den
Schaden/ denn er ihm mit seinen neuerbauten Städlein zugefügt/beklagt/ Und
wollet ihr bessers nicht erwarten/ So er-
wartet erster Gelegenheit des neuen Ve-
C   nedigs/

nedigs / welchs das alte unterdrucke und
gar erschöpffe. Diesen gefährlichen Zu-
stand / gläube mir vor gewiß / wird der
fürsichtige Frantzösiche Gewalt / mit
Raht und Krieg / auff alle Wege abwen-
den helffen.

Diß seynd meine rationes / so mir vom
Krieg eingefallen / deren Summa ist /
daß wir dieses thun / damit wir zusammen
vereinigt / mit einem rechtmässigen /
heiligen und nötigen Krieg einen
andern Feind suchen / den Türcken /
alda Asien / Egypten / Arabien / das Grie-
chenland und Affrica die Belohnung seyn
würde / Im selben Krieg ist Lob
unnd Ehr zuerlangen / und
Deutschland und Franckreich
würd uns darzu behülfflich seyn.
Dir meinen geliebten Vaterland / die du
meines sechtzig Jährigen Diensts hast
gebrauchen wollen / stehets zu / diß mein
rahtlich Bedencken / wenn dirs gefället /
anzunehmen / oder so dirs mißfält / im besten zuverstehen und auffzunehmen.

Und dieses so ich jüngst erinnert / repe-
tir ich itzo wieder / Das nemblich uns
der

der Krieg so viel immer müglich
zu fliehen und zu meiden sey.

1. Erstlich darumb/weil wir Herrn selber im Krieg nicht geübt/ noch dessen erfahren seyn/ und also unerfahrn sich zu
Kriegsleuten nicht schicken/ Sondern
laßt uns unser hochfürtrefflichsten Herr-
schafft/in ihren Rahts/Schiffart: Asce-
terien/Eloquenz:/Zolß:/ und andern ehrlichen Aemptern nachfolgen/den welchen
der Unsrigen beliebet mehr/ durch Wunden und Blut/ Reichthumb und Ehre zu
suchen/da doch dasselb die Schiffahrten
und Bürgerlicher Hauß-Leben viel besser
und nützlicher præstiren.

2. Zum andern/ Weil gantz nicht ver-
hoffentlich zu geschehen/das unsere junge
Mannschafft die Waffen ablegen/ und
sich deren gebrauchen werde/ Sintemahl
unser Herrschafft sich des Außländischen/
besoldeten Kriegsmans gebraucht / und
wir Bürger keinen Bürger deßfals gehorsamen wollen.   Warumb gehorcht
derowegen unser Adel/so eine Verachtrin
der Könige ist/ einen Außländischen und
frembden Kriegsmann / dem doch der
Raht Besoldung gibt? Warumb lassen

sich

ßich die Venedischen Edelleut mit grosser
Gefahr in den Lägern zum Krieg gebrau-
chen/ da sie doch / wenn sie daheimb im
Raht sitzen/ desselben Herren seyn?

3. Vors dritt/ Kans auch nicht gesche-
hen/und ist zumahl nicht rahtsamb / daß
der Venedische Adel den Waffen ergeben
sey/und das Kriegswesen und Arbeit lie-
ben/Den wie gering und leichtlich konten
wir dardurch einen erfahren Kriegsfüh-
rer/und einen Theil der Italiänischen und
Dalmatischen Provintzen verliehren/
oder uns entfrembden? Der einige Se-
anderberg/Hertzog in Epyro/ wiederstund
den Türckischen Käysern / weil er eit
Kriegsman wär/Glaubt mir einer unser
Edelleut kont sich einen Marium, Syl-
lam, Anthonium, Pompejum und Juli-
um erweisen die Venedische Fürsichtig-
keit und Geschwindigkeit/übertrifft für-
wahr die Römische weit / Denn wir/so
des Kriegs unerfahren/ und gemeiniglich
kein Feldlager gesehen / schreiben doch
unserm bestalten Kriegs-Obersten / Art
und Weiß zu kriegen für/ Was würden
wir thun/wan wir alte versuchte Kriegs-
leut wären?

4. Zum

Zum vierdten/ so opffern unsere Un-
terthanen dem Mercurio, Monetæ und
Gratiis, als Göttern und Göttinnen der
Kauffleut und Wolredenheit/der Reich-
thümen/und allerhand Wollüsten/ gar
nicht aber dem Marti / als Gotte des
Kriegs / denn wer ist der jenig unserer
Bürger/welcher das Kriegswesen nicht
hasset?

Zu dem seynd ihnen auch die Waffen
gantz nicht zuvertrauen/es wäre den sach/
daß wir unsere Dignitäten/von uns legen
wolten. Unsere Stadt hat zweyerley
Volck/als Edelleut und Haußleut / die
Kriegbarn Bürger werden den Unkrieg-
barn Adel nicht gehorsamen/vielweniger
ist den Paduanern/Veronesern/Dalma-
tinern und Cretensern die Waffen in die
Hand zugeben/ damit nicht/ wenn alle
Ding erhitzt und angezündet/sie dieselben
in uns verwenden.

5. Unserer besoldeter Feld-Oberster
oder Kriegführer wird auch sein Leben
vor uns ernstlich an diesen Krieg mit
nichten setzen/ sondern uns/weil er unsere
Kundschaffer/als Zuseher und Lehrmei-
ster im Lager bey sich hat/gewißlich Has-

sen / und unserer heroischen und stoltzen
Mandaten halben verbittert werden.
Was könt erfolgen/wenn er das Kriegs-
volck/so ihm nur Aids/und nicht Gunst
und Wolthat halber verobligirt/unserer
Herrschafft hinweg und aus dem Feld
führte? Darnach wenn sichs zuträge/
welches der jenige/ so einen Krieg führet/
befürchten soll / Das unser Kriegsvolck
zertrent oder geschlagen / würde woher
wollen wir neu Kriegsvolck wieder mu-
stern und auffbringen? Innerhalb dreyen
Jahren könten wir unsere Macht und
Vermögen nicht wieder ersetzen/und in
vorigen Stand bringen. Die Erfahrung
hat uns gelehrt/daß ihm also/und anders
nicht sey / Wir vermeyneten daß zu Anfang dieses Kriegs die Frantzosen den
Raub und Beuten/ zum Klang unserer
Goldgülden aber/ gantz Schweitzerland
herzulauffen würde/Nun hat das Glück
unsere Meinung verspottet/und der Auß-
gang unsere stoltze Ruhmgierigkeit ver-
schupffet und verworffen.

Hertzog Ferdinand ist immittelst zum
Böheimischen König von den fürr emb-
sten Ständen allerhand Religion er-
wehlet/und damit seine Macht dreyfach
ver-

vermehrt worden / hat also Reichthumb
Land und Leute. Und was das für-
nembste ist / aller Menschen Gemühter/
auch die/so den Käyserlichen Geschlecht
am meisten anhangen/und ergeben seynd/
als ein Liebhaber der Billigkeit/ Sanfft-
müthigkeit/ Gerechtigkeit / Nüchterkeit
und Gottesfurcht sich verbindlich und
günstig gemacht. Wie seine Vorfahren
sich jegen die Catholische Fürsten ver-
halten/ und erzeiget haben/davon ersuche
die Historien.

Diß hab ich allezeit ernstlich und be-
ständiglich offerir und bekräfftigt / thue
auch bey derselben Meinung/ es werden
auch diese Sachen verstanden wie sie
wollen endlich und sicherlich verbleiben.
Denn wie ich allezeit den gemeinen besten
gerathen / also hab ichs iho auch thun
wollen/ Sintemahl ichs gänhlich dafür
halt / daß einen guten Rahts-Herrn wol
anstehe/des Vaterlandes Nuh zubeden-
cken/und dessen Nachtheil und Jrthüme
nicht zuverhelen. Die Encomiastas/oder
die jenigen/ so uns loben/ und nach dem
Munde schwarhen/hören wie gern/ Den

C 4   Ver-

Verſtändigern Rahts-Herrn aber ver-
leyhen wir ſelten Gehör/da uns doch jene
nur hochmütiger und vermeſſener/ aber
nicht wie dieſe witziger und verſtändiger
machen/ Von meinem Vater hab ich er-
zehlen gehört daß aus Befehl des Vene-
diſchen Rahts und Volcks Jacobo San-
nazario vor etzliche Verßlein / darinnen
er unſere Stadt gelobet / 600. Ducaten
geben worden ſeynd / dieſelbe angeneme
und liebliche Verßlein / hab ich noch im
Gedächtnis und ſeynd dieſe.

Viderat Hadriacis VenetamNeptunus
in undis
Stare Urbem & toti ponere Jura Mari.
Nunc mihi Tarpeias quantumvis Jupi-
ter arces
Objice, & illa tuæ mæniaMartis ait.
Si Pelago Tiberim præfers urbem
aſpice
Illam homines dicas ---- eutramq;
hanc poſuiſſe Deos.

Vor

Vor jedem Verß besonder seyn
diesem Poeten 100. Ducaten erlegt
worden/ nicht daß unsere Voreltern/
(welches ein gelehrter geberen wurd)
an dieser blossen Schmeichlerey so
ein Wolgefallen gehabt / sondern
daß sie allezeit bey den Leuten in höch=
ster Achtung zu seyn sich erfreuet/
und ihre Jugend zu Beherzschung
der Welt haben erwecken und auff=
muntern wollen. Schliesse dem=
nach also : Hat man einem
Schmeichler so viel geben/ solt billig
einem getreuen Raths-Herrn ein
mehrers zugeeignet werden/ denn der
jening Urtheil auffrichtig/ ob er gleich
heimlichen Neid zu besorgen hat/
dennoch die Wahrheit ungescheuet
eröffnen darff. Gold und Geld
suche ich nicht / sondern eure
Freundschafft begehr ich billig.
Aber

Aber wie mein Schiff. iho im Ha-
ven iſt / alſo wollet ihr die ihr den
Krieg obſeyn und demſelben gnug
thun könnet / unſerer Sicherheit
und Wolſtandeshalber euch
mit einander des beſten
berahten.

ℬ

Anders nichts vermeine Ich

JUSTINIANUS BARBA-
RIQUUS.